Leserabe

1. Lesestufe

Bernhard Hagemann

Charlie, du Blindekuh!

Mit Bildern von Jacky Gleich

Ravensburger Buchverlag

Bibliografische Information Der Deutschen Nationalbibliothek:

Die Deutsche Nationalbibliothek verzeichnet diese Publikation
in der Deutschen Nationalbibliografie.
Detaillierte bibliografische Daten sind im Internet
über **http://dnb.d-nb.de** abrufbar.

1 2 3 10 09 08

Ravensburger Leserabe

Umschlagbild: Jacky Gleich
Umschlagkonzeption: Sabine Reddig
Printed in Germany
ISBN 978-3-473-36364-3

www.ravensburger.de
www.leserabe.de

Leopold hat Geburtstag.
Alle seine Freunde kommen.
Niko und Charlie,
Emil und Dino,
Ida und David,
Sarah und Jim,
Matthias und Ludwig.

Sie spielen Blindekuh.
Draußen im Garten.
Zora springt kläffend
zwischen den Kindern herum.

Zora ist der Hund
von Leopold.

Dino bindet Charlie das Tuch
vor die Augen.
Es ist ein großes Tuch.
So groß,
dass es auch
Charlies Ohren verdeckt.
Deshalb sieht und hört er
nichts mehr.

Dann dreht Dino
Charlie wie wild im Kreis.
Charlie wird
ganz schwindelig.
Er stolpert los
und sucht
mit ausgestreckten Armen
die anderen Kinder.

Die Kinder lachen,
aber Charlie hört nichts.
Leopolds Mutter
kommt auf die Terrasse.
Sie ruft die Kinder ins Haus.
Es gibt Kakao und Kuchen.
Alle Kinder
verschwinden im Haus.

Bis auf Charlie.
Charlie irrt weiter
durch den Garten.
Ums Haus herum.
Weil die Gartentür offen ist,
läuft er auf die Straße.
Zum Glück
fahren dort
nicht viele Autos.
Charlie geht kreuz und quer
die Straße runter.

Er hat die Arme
weit vor sich ausgestreckt.
Er glaubt,
dass er
in Leopolds Garten ist.

Wo stecken bloß
die anderen?
Charlie beginnt
sich zu wundern.

Da kommt Frau Liegestütz
aus ihrer Gartentür.
Sie ist die Nachbarin
von Leopold.
Charlie tastet an ihr herum
und zwickt sie
in den Hintern.
„Aua!“,
schreit Frau Liegestütz.

„Sarah!“,
räte er.
Weil niemand Charlie
die Augenbinde abnimmt,
geht er weiter.
Frau Liegestütz ruft:
„Frecher Lümmel!“
Aber das hört Charlie nicht.

Charlie geht weiter
die Straße runter.
Er kommt
zum Gemüsehändler.

Charlie tastet sich
durch die Äpfel,
die Radieschen
und die Salatköpfe.
Er wundert sich
über all das Obst
und Gemüse
in Leopolds Garten.

Als Charlie
bei den Melonen ankommt,
denkt er:
Das ist Davids Kopf.
Denn Davids Kopf ist rund
und hat eine glatte Haut.

„David!“, ruft Charlie.
Er freut sich schon.
Endlich wird ihm jemand
das Tuch
von den Augen nehmen.
Doch nichts geschieht.
Denn David ist es nicht.

David ist zu Hause
bei Leopold
und feiert Geburtstag.

Er lehnt sich gerade
über den Tisch
und nimmt Emil
den Kuchen vom Teller.

Charlie steht noch immer
bei den Melonen.
Herr Silberfisch
kommt nach draußen.
Er ist der Gemüsehändler.

Er wundert sich
über den Jungen,
der sein Gemüse
beim Vornamen nennt.
„Gemüse nicht berühren!“,
ruft Herr Silberfisch.
Charlie geht einfach weiter.
Herr Silberfisch sieht ihm
kopfschüttelnd hinterher.

Da stößt Charlie
mit einem Mann zusammen.
Er trägt gemeinsam
mit einem anderen Mann
eine große Glasscheibe.

Charlie tastet den Mann ab
und sagt:
„Eindeutig Emil,
der auf einem Stuhl steht
und deswegen größer ist.“
Aber Emil ist es nicht.

Emil ist zu Hause
bei Leopold
und feiert Geburtstag.

Er steht wirklich
auf einem Stuhl
und gießt Kakao
über Davids Kopf.

Charlie tastet noch immer
an dem Mann herum.
Der Mann ist sehr kitzelig.
Er muss lachen
und ruft:
„Aufhören, aufhören!
Ich bin nicht
Emil auf dem Stuhl.
Ich bin Gustav
mit der Scheibe.
Aufhören!“

Beinahe
lässt er die Scheibe fallen.
Aber er hat Glück.
Charlie hört mit Kitzeln auf
und geht weiter.

Charlie stolpert
über einen Hund.
Der Hund ist angeleint
vor der Metzgerei.
Er schleckt Charlie
übers Gesicht.
Charlie streichelt den Hund
und sagt: „Zora!“

Aber es ist nicht Zora.
Es ist Stinker.
Stinker ist der Hund
von Frau Semmelblond.
Frau Semmelblond ist auch
eine Nachbarin von Leopold.

Zora ist zu Hause
und feiert Geburtstag.
Sie steigt gerade
auf Sarahs Stuhl
und frisst den Teller leer.

Charlie wundert sich,
dass der Hund
angeleint ist.
Er bindet Stinker los.
Stinker rennt davon.
Charlie hat die Leine
in der Hand
und rennt hinterher.
„Nicht so schnell, Zora!“,
ruft Charlie.
Stinker rennt nach Hause.
„Nicht so schnell, Zora!“,
ruft Charlie.

Charlie wundert sich
über den weiten Weg.
Er hätte nicht gedacht,
dass Leopolds Garten
so groß ist.

Stinker rennt mit Charlie
in den Garten
von Frau Semmelblond.
„Nicht so schnell, Zora!“,
ruft Charlie.

Frau Semmelblond
kommt nach Hause.
Sie hat Stinker
schon gesucht.
Sie freut sich,
als sie ihn sieht.

Frau Semmelblond
wundert sich
über Charlie.
Weil er
mit verbundenen Augen
hinter Stinker herrennt
und immer wieder ruft:
„Nicht so schnell, Zora!“

„Stinker!“,
ruft Frau Semmelblond.
Stinker freut sich
und rennt
zu seinem Frauchen.

Da kommt Herr Semmelblond
von der Arbeit.
Herr Semmelblond
ist Versicherungsvertreter.
Charlie hat keine Lust mehr,
Blindekuh zu spielen.

Wütend tritt er
Herrn Semmelblond
gegen das Schienbein
und schreit:
„Niko!"
Aber Niko ist es nicht.

Niko ist zu Hause
bei Leopold
und feiert Geburtstag.

Er geht gerade
mit den anderen Kindern
wieder in den Garten hinaus.

Herr Semmelblond sagt:
„Ich heiße nicht Niko.
Ich heiße Karl Semmelblond.
Hier ist meine Visitenkarte.
Falls Sie mal
eine Versicherung brauchen.“

Herr Semmelblond
ist müde vom Arbeiten.
Er merkt gar nicht,
dass er seine Karte
einem kleinen Jungen gibt,
der die Augen verbunden hat.

In diesem Augenblick
kommt Zora angerannt.
Zora führt Charlie
wieder in Leopolds Garten.

Dort schnappt er sich Emil.
Er tastet ihn kurz ab
und ruft:
„Emil!“
„Stimmt!“,
sagt Emil
und nimmt Charlie
das Tuch ab.

Leserätsel

mit dem Leseraben

Super, du hast das ganze Buch geschafft! Hast du die Geschichte ganz genau gelesen? Der Leserabe hat sich ein paar spannende Rätsel für echte Lese-Detektive ausgedacht. Mal sehen, ob du die Fragen beantworten kannst. Wenn nicht, lies einfach noch mal auf den Seiten nach. Wenn du die richtigen Antwortbuchstaben in die Kästchen auf Seite 41 eingesetzt hast, bekommst du das Lösungswort.

Fragen zur Geschichte

1. Was gibt es beim Geburtstagsfest zu essen? (Seite 7)

O: Es gibt Cola und Pizza.

T: Es gibt Kakao und Kuchen.

2. Wen zwickt Charlie in den Hintern? (Seite 10)

I: Frau Liegestütz.

N: Frau Purzelbaum.

3. Wie fühlt sich Davids Kopf an? (Seite 14)

K: Glatt wie eine Wassermelone.

T: Runzlig wie ein altes Radieschen.

4. Wo ist der Hund Zora? (Seite 28)

I: Zora wartet vor der Metzgerei.

E: Zora ist zu Hause und feiert Geburtstag.

5. Was macht Herr Semmelblond? (Seite 38)

N: Er gibt Charlie einen Tritt.

R: Er gibt Charlie seine Visitenkarte.

Lösungswort:

S	1	2	N	3	4	5

Rabenpost

Super, alles richtig gemacht! Jetzt wird es Zeit für die RABENPOST.
Schicke dem LESERABEN einfach eine Karte mit dem richtigen Lösungswort. Oder schreib eine E-Mail. Wir verlosen jeden Monat 10 Buchpakete unter den Einsendern!

An den LESERABEN
RABENPOST
Postfach 20 07
88 190 Ravensburg
Deutschland

leserabe@ravensburger.de
Besuch mich doch auf meiner Webseite:
www.leserabe.de